Für Bella, Elsie und Clara, meine wundervollen Nichten.

– Helen

Für meine geliebte Familie und meinen besten Freund Jun Cen.

– Lisk

Titel der Originalausgabe: *The Great Barrier Reef*

Erschienen bei Flying Eye Books, London 2020
Flying Eye Books ist ein Imprint von Nobrow, London, Großbritannien

Deutsche Erstausgabe

Ein Unternehmen der Média-Participations

Projektleitung: Theresa Scholz, Knesebeck Verlag
Umschlagadaption: Fabian Arnet, Knesebeck Verlag

Übersetzung und Satz: Susanne Schmidt-Wussow, Berlin
Lektorat: Gerdi Killer, bookwise GmbH, München
Druck: Ozgraf

Printed in Poland

ISBN 978-3-95728-477-8

www.knesebeck-verlag.de

HELEN SCALES LISK FENG

DAS GREAT BARRIER REEF

KNESEBECK

INHALT

EINFÜHRUNG

In diesem Buch geht es um eines der größten Naturwunder der Welt. Ein Unterwasserwunder, einen Ort von atemberaubender Schönheit, voller Farben und Leben. Doch so wunderbar dieser Ort ist, so empfindlich ist er auch.

Dies ist die Geschichte des Great Barrier Reef.

ÜBER DAS RIFF

DAS RIFF

Das Great Barrier Reef, auf Deutsch auch „Großes Barriereriff“ genannt, ist das größte Korallenriff der Welt. Es verläuft über mehr als 2300 Kilometer an der Küste von Australien entlang und ist so groß wie 70 Millionen Fußballfelder. Wenn du diese Strecke zu Fuß gehen wolltest, würdest du drei Wochen brauchen – ohne Pausen zum Essen und Schlafen! Überall auf der Rifflinie liegen Inseln mit weißem Sand und grünen Mangrovenwäldern.

Das Great Barrier Reef ist außerdem eine Welterbestätte. Das sind Orte auf der ganzen Welt, die so einzigartig und schön sind, dass man sie achten und schützen sollte.

WIE DAS RIFF ENTSTAND

Vor langer Zeit war Australien kein guter Ort für ein Riff. Es hing an der Antarktis inmitten eines eiskalten Meeres – viel zu kalt für Korallen!

Doch vor 85 Millionen Jahren (als die Dinosaurier noch lebten) brach Australien ab und trieb in Richtung **Äquator**, näher an seine heutige Position heran. Damals war es auf der Erde sehr kalt. Ein großer Teil des Meerwassers lag als gewaltige Eisdecke über dem Land. Deswegen waren die Meeresspiegel über hundert Meter tiefer als heute.

Als dann die letzte Eiszeit vor rund 10 000 Jahren endete, erwärmte sich die Erde allmählich wieder. Die Eisdecken schmolzen und das führte zu riesigen Überschwemmungen.

Als der Meeresspiegel immer höher stieg, verschwanden Klippen im Wasser und Hügel wurden zu Inseln. Winzige junge Korallen, **Larven** genannt, trieben von anderen Riffen heran und siedelten sich auf dem Land an, das plötzlich unter Wasser lag. Das Meer war nun warm genug für die Korallen und so begann das Great Barrier Reef zu wachsen.

Als das Meer noch höher stieg, versanken einige Inseln vollständig, aber die Korallen wuchsen immer weiter nach oben und außen, bis ein breites, flaches Riff entstanden war.

VON KORALLEN GEBAUT

Über 600 Korallen**arten** leben am Great Barrier Reef. Wenn du dir ein Stück Koralle genauer ansiehst, erkennst du viele kleine Löcher. Darin saßen mal die Polypen. Jeder **Polyp** ist ein winziges Korallentier mit Mund, Magen und Tentakeln. Korallenpolypen haben kein Gehirn, genau wie ihre nächsten Verwandten, die Quallen und Seeanemonen. Jede große Koralle wird Kolonie genannt und besteht aus Hunderten und Tausenden miteinander verbundener Polypen. Ihre Körper sind weich, aber sie leben meist in einem harten **Außenskelett** aus **Kalziumkarbonat**. Das ist dasselbe Material, aus dem auch Kreide und Eierschalen bestehen.

WINZIGE GEHEIMNISSE

Mit einem **Mikroskop** kannst du eines der verborgenen Geheimnisse der Polypen lüften: In ihren Körpern befinden sich kugelförmige Zellen, die **Zooxanthellen**. Diese Zellen verwandeln Sonnenlicht in Zucker, genau wie die Pflanzen an Land. Tagsüber ernähren sich die Korallen von diesem Zucker. Nachts aber werden sie zu tödlichen Jägern: Mit ihren Tentakeln fangen sie winzige Tiere, die **Plankton** heißen. Ein Teil des Planktons wächst zu größeren Tieren wie Fischen und Krebsen heran, ein anderer Teil bleibt immer so klein.

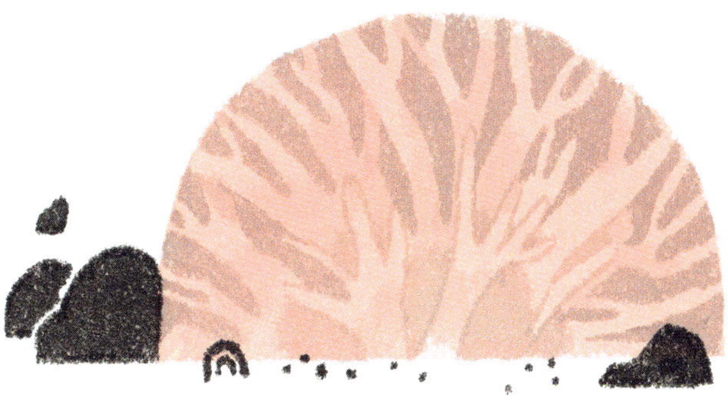

Geweihkoralle

Gorgonie

Hirnkoralle

Es gibt zwei verschiedene Arten von Korallen: weiche und harte. Korallen mit einem harten Außenskelett heißen Steinkorallen. Korallen ohne hartes Skelett werden Weichkorallen genannt.

Troglederkoralle

Pilzkorallen

TROPISCHE SCHNEESTÜRME

Einmal im Jahr verwandelt sich das Great Barrier Reef in eine riesige Unterwasser-Schneekugel – nur sind die Schneeflocken in Wirklichkeit Millionen bunter Korallen-eier. Die Korallen geben sie alle zur selben Zeit ab. So können sie sich **fortpflanzen** und neue Stellen im Meer besiedeln.

DIE REISE DER LARVEN

Aus den befruchteten Koralleneiern schlüpfen Larven, die wie winzige zerdrückte Reiskörner aussehen. Wochenlang treiben sie auf ihrer langen, gefährlichen Reise durch das Meer. Viele werden unterwegs von Fischen gefressen. Die Larven, die mehr Glück hatten, lassen sich schließlich auf Steinen oder abgestorbenen Korallenstücken nieder und gründen eine neue Korallenkolonie.

BESUCHER AM RIFF

Aus der ganzen Welt kommen Menschen zum Great Barrier Reef. Man kann es von einem Boot mit Glasboden aus ansehen oder auch hinuntertauchen – man braucht nur eine Tauchermaske, einen Schnorchel und Taucherflossen.

BEACHTE DIE RIFFREGEL

Um das Riff und sich selbst zu schützen, gibt es eine goldene Regel: nichts anfassen! Einige Tiere können zustechen und keiner der Riffbewohner lässt sich gern anstupsen. Wie heißt es so schön: „Nur Erinnerungen mitnehmen, nur Luftbläschen dalassen."

SICHERE DURCHFAHRT

Der englische Kapitän Matthew Flinders zeichnete als Erster eine Karte der australischen Küste. Außerdem beschrieb er als Erster das Unterwasserlabyrinth als ein „großes Barriereriff" und gab ihm damit seinen Namen. Zwischen 1801 und 1803 navigierte er erfolgreich durch das Riff und noch heute leitet die „Flinders-Passage" Schiffe sicher durch die Korallenfelsen.

DRUCKLUFTTAUCHGERÄT (DTG)

Beim Tauchen fühlt man sich fast wie ein Fisch. Bevor man tauchen geht, muss man lernen, die Ausrüstung zu benutzen, und in einem Kurs einen Taucherschein machen. Ein Tauchgang dauert normalerweise ein bis zwei Stunden.

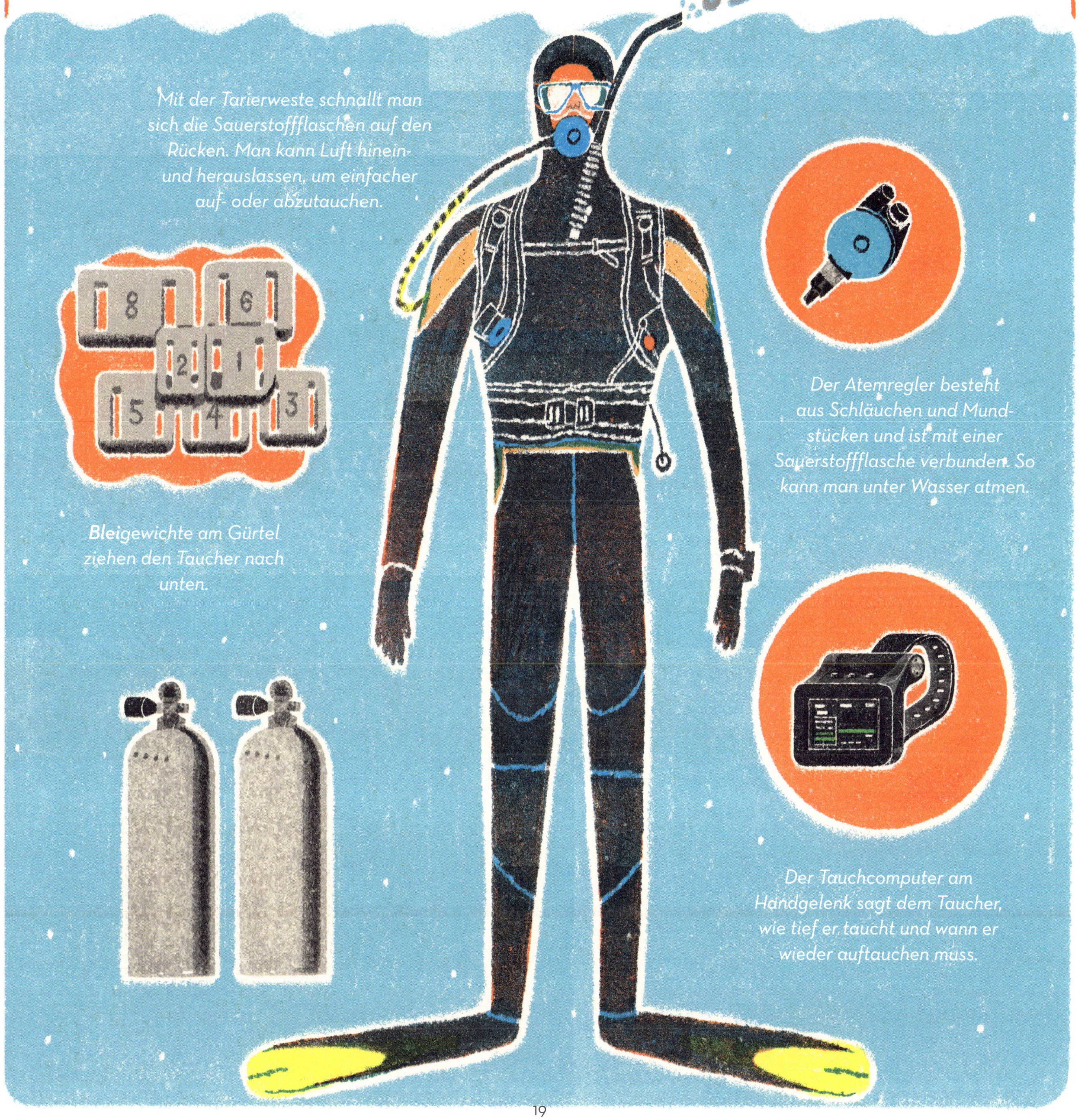

WISSENSCHAFT AM RIFF

Wissenschaftler besuchen häufig das Riff. Auf mehreren Inseln befinden sich Forschungsbasen, wo die Wissenschaftler über Wochen, Monate oder sogar Jahre leben. So können sie dieselben Stellen bei Tag und bei Nacht untersuchen, das Riff noch besser kennenlernen und viele spannende Entdeckungen machen.

UNTER WASSER

Heute tauchen die Forscher tiefer und länger als je zuvor. Dafür sorgen neue Taucherausrüstungen, mit denen sie immer wieder dieselbe Luft atmen. Das neue Gerät zieht das **Kohlendioxid** aus der ausgeatmeten Luft und fügt **Sauerstoff** aus einer kleinen Flasche hinzu. So können Taucher fünf Stunden unter Wasser bleiben und bis zu hundert Meter tief tauchen.

Bei dieser Art des Tauchens entstehen keine Bläschen! So können die Forscher näher an Fische heranschwimmen, ohne sie zu stören.

UNTERWASSERROBOTER

Wenn sie noch tiefer gehen wollen, lassen die Forscher ferngesteuerte Roboter mit Kameras ins Wasser. Diese Roboter haben uns gezeigt, dass die Korallen am Great Barrier Reef in viel größerer Tiefe wachsen, als wir wussten: bis zu 125 Meter. Dort kommt gerade noch genug Sonnenlicht hin, um die Zooxanthellen in den Korallen am Leben zu halten.

MIT GERÄUSCHEN SEHEN

Um die tiefsten Stellen des Riffs zu untersuchen, nutzen die Wissenschaftler die Echoortung – genau wie Wale und Delfine. Mit Sonargeräten und leistungsstarken Computern erstellen sie detaillierte 3-D-Karten von tiefen Stellen.

DER KORALLENPATE

John Veron verbrachte fast sein gesamtes Leben unter Wasser. Weil er die Natur so liebte, nannte einer seiner Lehrer in der Schule ihn Charlie – nach Charles Darwin, dem Vater der Evolution. Der Spitzname blieb hängen.

Nachdem er mit 18 tauchen gelernt hatte, spezialisierte sich Charlie auf die Erforschung von Korallenriffen und wurde der erste Vollzeitwissenschaftler am Great Barrier Reef. Heute ist er über 70 und taucht immer noch!

Charlie, auch bekannt als „Korallenpate", entdeckte und beschrieb 20 Prozent aller Korallenarten auf der Welt – mehr als jeder andere Mensch. Er dokumentierte auch als einer der Ersten das Korallensterben und machte das erste bekannte Foto einer „seltsamen weißen Koralle". Damals wusste er noch nicht, warum die Koralle krank war. Später stellte man fest, dass sie unter der Korallenbleiche litt.

Heute macht sich Charlie große Sorgen um die Zukunft des Riffs. Er wünscht sich, dass möglichst viele Menschen helfen, es zu schützen.

RIFFBEWOHNER

WRACKS

Das Great Barrier Reef wurde zum nassen Grab von über 800 Schiffen. Einige stießen mit dem Riff zusammen und sanken. Andere verirrten sich im Sturm. Mit der Zeit siedeln sich bunte Meerestiere auf den Wracks am Meeresboden an und so werden die Schiffe allmählich selbst zu Riffen.

Das berühmteste Schiffswrack am Riff ist die *SS Yongala*. Sie war ein Dampfschiff und transportierte vor über hundert Jahren Passagiere und Fracht entlang der australischen Küste. Die Tragödie ereignete sich am 23. März 1911:

In einem schlimmen Sturm sank die *SS Yongala* auf den Meeresgrund. Alle 122 Menschen an Bord kamen ums Leben.

1958 fand ein Fischer namens Bill Kirkpatrick das Wrack der *Yongala,* als seine Angelleine sich an etwas Großem am Meeresgrund verfing. Bill spähte durch eine Kiste mit Glasboden ins Wasser und erkannte das Deck des Schiffswracks.

Die *Yongala* gilt heute als einer der weltweit besten Orte zum Wracktauchen. Jedes Jahr besuchen über 10 000 Taucher das Wrack. Inzwischen haben sich so viele Meerestiere darauf angesiedelt, dass man kaum noch erkennt, dass es mal ein Schiff war. Aber hier und da findet man noch Anzeichen dafür, wie die Schiffsmasten und Ruder – und sogar ein Bad und Toiletten!

FANTASTISCHE TIERE

Die buntesten Tiere am Riff, die man auch am besten sieht, sind die Fische. Von großen glitzernden Schwärmen über den Korallen bis zu winzigen farbenfrohen Einzeltieren, die zwischen Felsen und Spalten hindurchschießen, gibt es viele Arten zu entdecken.

Papageifische knabbern mit ihren schnabelähnlichen Vorderzähnen Seetang ab. Dabei schlucken sie auch tote Korallenstücke, die sie mit einem zweiten Satz Zähne hinten im Rachen zerkleinern. Am anderen Ende kommt die Koralle dann als Sand wieder heraus. Der meiste Sand an vielen tropischen Stränden ist also eigentlich Papageifisch-Kot!

Einige Riffbarsche legen „Gärten“ aus Algen an. Sie werden sehr wütend, wenn jemand versucht, ihre geliebten Pflanzen zu stehlen. Andere Fische, auch die großen, verscheuchen sie, indem sie durch Zähneknirschen Trommellaute hervorbringen. Sogar Taucher verjagen sie!

PFLANZEN AM RIFF

Neben dem Riff wachsen üppige Unterwasserwiesen, in denen Millionen winziger Lebewesen wohnen. Seegrasblätter können bis zu anderthalb Meter lang werden und sie bilden **Pollen**, Blüten, Früchte und Samen, genau wie die Pflanzen an Land. Der Pollen treibt durchs Wasser oder bleibt an kleinen Tieren wie Würmern und Babykrebsen hängen, die ihn weitertragen. Diese winzigen Pollenträger sind also sozusagen die Bienen des Meeres!

Die Wurzeln der Mangrovenbäume ragen wie Schnorchel aus dem Wasser und helfen ihnen beim Atmen. Mit ihren krummen Stämmen bleiben die Bäume auch inmitten tosender Wellen sicher stehen.

Jungfische wachsen auf Seegraswiesen und in Mangrovenwäldern heran, bevor sie in ihren eigentlichen Lebensraum umziehen: das Korallenriff.

WARUM BÄUME SO WICHTIG SIND

Die Baumwurzeln halten den Boden zusammen und sorgen dafür, dass er nicht auf das Riff gespült wird und dort wertvolles Sonnenlicht abhält.
Außerdem halten sie **Pestizide** von Äckern und andere Schadstoffe vom Riff fern. Viele Bäume an der australischen Küste wurden gefällt, um Platz für Farmen zu schaffen. Jetzt arbeiten Ureinwohner, Naturschützer und Farmer daran, einheimische Bäume und Sträucher an den Küsten anzupflanzen, um das Riff zu retten.

Seeanemonen

PFLANZE ODER TIER?

Viele Rifftiere kann man leicht mit Pflanzen oder **Pilzen** verwechseln. Korallenfelsen sind zum Beispiel oft mit winzigen Würmern bedeckt, den Weihnachtsbaumwürmern. Sie sind die einzigen Tiere mit Augen in den Kiemen! Die Würmer spähen aus ihren Bauen und ziehen sich beim kleinsten Anzeichen von Gefahr zurück. Das Riff steckt voller fantastischer Meereslebewesen in allen möglichen Formen und Farben.

Weihnachtsbaumwurm

Wurstförmige Seegurken liegen herum und schlürfen Sand.

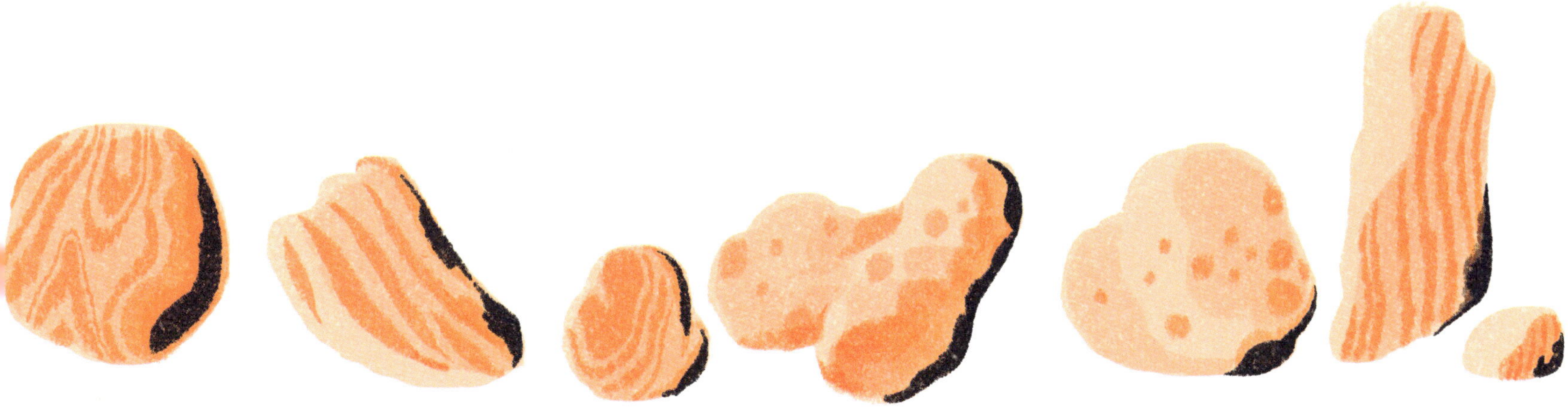

EINFACHE SCHWÄMME

Überall auf dem Riff finden sich klebrige Kleckse, als hätte jemand einen Regenbogen daraufgeniest. Sogar das sind Tiere! Sie heißen Schwämme und bestehen zum Großteil aus Löchern. Ihr Leben verbringen sie damit, Wasser in diese Löcher zu saugen und mikroskopisch kleine Nahrungsteilchen herauszufiltern. Für andere Tiere wie die Falterfische sind die Schwämme eine leichte Beute.

Haarsterne sind mit Seesternen verwandt, haben aber viel mehr Arme.

HUNGRIGE SEESTERNE

Ein Riffbewohner, der seinem eigenen Zuhause gefährlich wird, ist der Dornenkronenseestern – groß wie ein Wagenrad und von Hunderten giftiger Stacheln bedeckt. Er kriecht auf die Korallen, stülpt seinen Magen nach außen und verdaut die lebenden Polypen.

Ein Dornenkronenseestern kann 65 Millionen Eier pro Jahr hervorbringen, zum Glück aber erreichen viele Larven das Erwachsenenalter gar nicht. Doch nach einer Flut oder einem Sturm werden Nährstoffe auf das Riff gespült, zum Beispiel Dünger von Farmen. Die Chemikalien nähren das Plankton im Wasser, das wiederum die Seesternlarven fressen, sodass mehr von ihnen überleben. Plötzlich gibt es viel mehr Seesterne, die das Riff heimsuchen und große Teile der Korallen töten.

Taucher versuchen, das zu verhindern, indem sie möglichst viele Dornenkronenseesterne töten. So lassen sich einzelne Riffe schützen. Doch am gesamten Great Barrier Reef können Millionen Seesterne sitzen – viel zu viele, um sie einzeln zu beseitigen. Um die Seesternschwemme aufzuhalten, müssen wir das Wasser so sauber und chemikalienfrei wie möglich halten.

SCHALE STATT KNOCHEN

Weichtiere sind innen und außen ganz weich. Die meisten haben eine harte Schutzhülle, die **Außenskelett** oder – wie im Fall der Muscheln – Schale genannt wird.

SCHUTZRÜSTUNG

Riesenmuscheln haben die größten Schalen der Welt und können so viel wiegen wie zwei Elefantenbabys. Sie sind fest am Riff verankert, genau wie andere **Muscheln**, zum Beispiel Austern und Miesmuscheln. Wenn eine Muschel mit ihren Hunderten winziger Augen einen Fressfeind kommen sieht, klappt sie schnell die Schale zu, um den weichen Körper zu schützen.

*Die Kegelschnecke erschnüffelt mit ihrem langen **Rüssel** kleine Fische oder Würmer, lässt giftgefüllte Zähne herausschnellen, beißt zu und verschlingt dann ihre **gelähmte** Beute im Ganzen.*

Meeresschnecken haben ein spiralförmiges Haus und kriechen auf einem muskulösen Fuß umher.

NEUE MEDIKAMENTE

Wissenschaftler haben herausgefunden, dass das Gift in den Zähnen von Kegelschnecken aus Hunderten Chemikalien besteht, den Conotoxinen. Jedes Conotoxin hat eine bestimmte Wirkung, zum Beispiel lähmt es oder macht müde. Im Labor werden diese Giftstoffe nachgebaut und neue Medikamente daraus hergestellt, etwa Schmerzmittel.

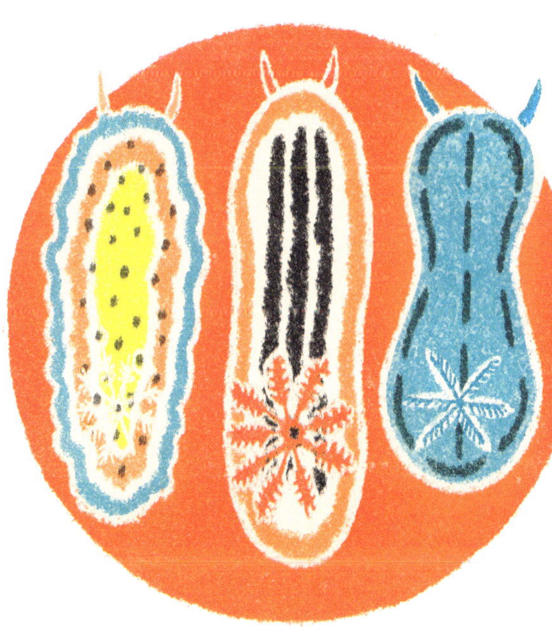

Nacktkiemer sind Weichtiere ohne Schale. Sie schmecken fürchterlich und ihre auffälligen Farben warnen Fressfeinde davor, sie anzugreifen.

WUNDERWERKE MIT TENTAKELN

Auch Kraken sind Weichtiere ohne Schalen. Die intelligenten Kopffüßer haben das größte Gehirn aller **Wirbellosen**.

Die Hälfte der 500 Millionen Gehirnzellen eines Kraken sitzen in seinen acht Armen. Seine Arme können sozusagen eigenständig denken! Ihre empfindlichen Saugnäpfe ertasten und erschmecken lohnende Beute.

Manche Kraken tragen eine Kokosnuss oder eine leere Muschelschale mit sich herum, um sich darin zu verstecken. Andere verändern ihre Farbe und Gestalt und passen sich so ihrer Umgebung an – als ob sie direkt vor deinen Augen verschwinden.

Mimik-Oktopusse am Great Barrier Reef können viele andere Tiere täuschend echt nachmachen, zum Beispiel gefährliche Seeschlangen und Feuerfische. Damit schrecken sie wohl andere Tiere ab, die sie sonst fressen würden.

SCHERENARMEE

Über tausend Arten von Krebstieren leben am Great Barrier Reef. Zu ihnen gehören Krabben, Hummer und Garnelen, die sich durch harte Außenskelette schützen. Im Gegensatz zu den Weichtieren, die nur eine Schale herstellen, werfen die meisten Krebstiere ihren Panzer ab, wenn er zu klein wird, und lassen einen neuen wachsen. Auch ihre Scheren können nachwachsen, wenn sie beschädigt oder von Fressfeinden abgebissen werden.

ALLE MANN TAUSCHEN!

Anders als die meisten Krabben haben Einsiedlerkrebse kein Außenskelett. Stattdessen leben sie in leeren Schneckenhäusern. Wenn sie zu groß für ihr Haus werden, kommen die Einsiedlerkrebse zusammen und stellen sich in einer langen Reihe auf, mit dem kleinsten Krebs an einem Ende und dem größten am anderen. Dann nimmt jeder das Haus des nächstgrößeren Nachbarn. So bekommen alle eine genau passende neue Unterkunft.

KRACHMACHER

Das ständige Knattern, das man an einem Korallenriff hört, stammt von Tausenden Knallkrebsen. Eine Schere ist bei diesem Krebs viel größer als die andere. Wenn er die große Schere zuklappen lässt, erzeugt er Luftblasen, die mit einem lauten Knall platzen. Außerdem setzt er damit einen winzigen Lichtblitz frei und heizt das umgebende Wasser für einen Sekundenbruchteil auf bis zu 4700 °C auf – das ist fast so heiß wie die Sonnenoberfläche! Die Schockwelle lähmt und tötet kleine Beutetiere in der Nähe des Krebses.

PARTNERSCHAFTEN AM RIFF

Am Great Barrier Reef leben viele Bewohner zusammen. Manche Arten bilden sehr enge Partnerschaften, die man **Symbiosen** nennt.

SELTSAME PAARE

Anemonenfische verstecken sich zwischen den giftigen Tentakeln von Seeanemonen vor Angreifern. Weil sie sich dabei viel bewegen, kann frisches, sauerstoffreiches Wasser hereinströmen, das die Anemonen zum Wachsen brauchen. Sie vertreiben auch Falterfische, die die Tentakel der Anemonen anknabbern.

Kleine Fische, die Grundeln, leben in Löchern im Sand, zusammen mit ihren Partnern: Garnelen! Garnelen können nicht sehr gut sehen, also sind sie dafür zuständig, den Bau sauber zu halten, während die Grundel am Eingang nach Gefahren Ausschau hält.

PUTZSTATION

Einige Fische verdienen sich ihren Lebensunterhalt mit dem Putzen anderer Tiere. Der winzige Putzerlippfisch schwimmt dabei einem großen Zackenbarsch direkt ins Maul. Doch der Barsch schnappt nicht zu, sondern bleibt regungslos stehen, während der Putzerlippfisch seine Zähne säubert. Der Putzer knabbert abgestorbene Haut, Schuppen und blutsaugende Parasiten von anderen Fischen am Riff und hält sie so sauber und gesund.

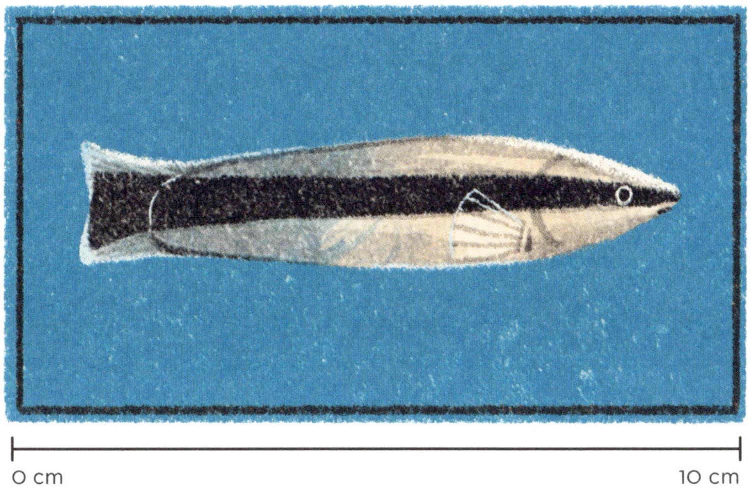

Putzerlippfisch

NACHTS AM RIFF

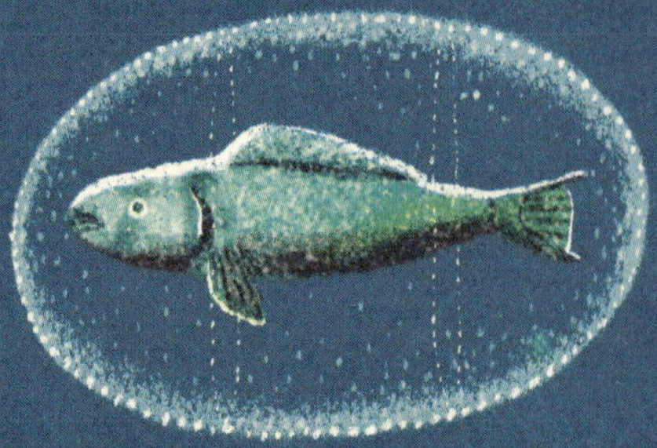

Wenn es am Riff dunkel wird, verstecken sich tagaktive Bewohner wie Kaiserfische und Falterfische in Höhlen und Spalten. Papageifische bauen sich aus klebrigem, übel riechendem Schleim einen Schlafsack, der Parasiten abhält. Aber das Riff ist nachts keineswegs still und friedlich. Im Gegenteil, nachts ist oft am meisten los!

Nachtaktive Fische haben große Augen, um das wenige Licht aufzunehmen. Husarenfische, Soldatenfische und Kardinalbarsche sind tiefrot gefärbt, weil Rottöne nachts grau oder schwarz wirken. So verschmelzen die Fische mit ihrer Umgebung, was eine prima **Tarnung** ist.

BESUCHER AUS DER TIEFE

Gemeine Perlboote leben in der Tiefsee. Nur nachts kommen sie an die Oberfläche und jagen am Riff Garnelen und Krabben oder suchen nach Aas. Sie sind eng mit den Kraken verwandt, haben aber noch Schalen. Da sie nicht besonders gut sehen können, müssen sie sich ihre Nahrung erschnüffeln – je mehr sie stinkt, desto besser für die Perlboote!

RIFFNACHBARN

HAIE UND ROCHEN

Alle Fische, die wir bisher am Riff gesehen haben, sind Knochenfische. Ihr Skelett besteht aus harten Knochen, wie deine Arme und Beine. Andere Fische haben ein Skelett aus Knorpel, genau wie deine Ohren und deine Nasenspitze. Diese Knorpelfische sind Haie und Rochen. Von furchterregenden Riesen wie Tigerhai und Bullenhai bis zu Teppichhaien und Epaulettenhaien, die gar nicht aussehen wie Haie, schwimmen alle möglichen Arten um das Riff.

FLACH WIE EIN PFANNKUCHEN

Rochen sind die platten Verwandten der Haie. Ein Stechrochen sieht aus wie ein Pfannkuchen mit einem langen Schwanz und einem Stachel am Ende. Bei den Haien sitzen die Kiemen immer seitlich am Körper, bei den Rochen an der Unterseite. Adlerrochen und Mantarochen wirken durch das Schlagen ihrer dreieckigen Flossen wie große Vögel, die durch das Wasser fliegen.

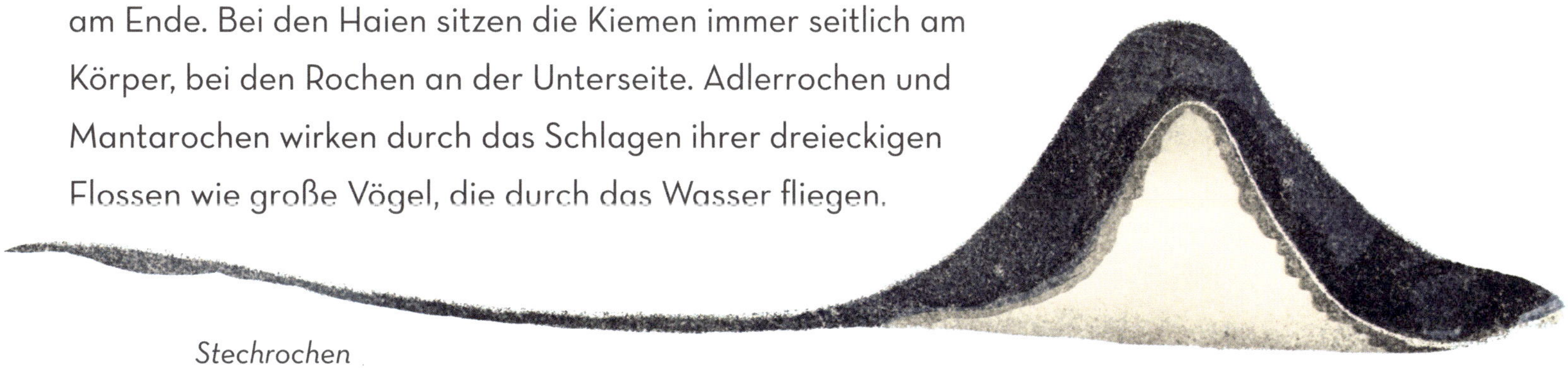

Stechrochen

MEERESSÄUGER

Zu den Meeres**säugetieren** um das Great Barrier Reef gehören Wale und Delfine. Mindestens 30 Walarten kommen dort vor. Der berühmteste Wal der Welt heißt Migaloo und ist ein **Albino**-Buckelwalmännchen. Er wird seit über 20 Jahren regelmäßig am Riff gesichtet.

GIGANTISCHER SÄNGER

Buckelwale verbringen den Sommer in der Antarktis und fressen **Krill**. Jeden Winter kommen sie zum Great Barrier Reef, um sich in den wärmeren Gewässern zu paaren und ihre Jungen zur Welt zu bringen. Die Lieder der Buckelwalmännchen bestehen aus Klick-, Quietsch- und Pieptönen und sie geben sie an andere Wale weiter – wie im Wal-Radio! Irgendwann singen Wale in Tausenden Kilometern Entfernung das gleiche Lied.

Einige Wale und Delfine nutzen diese Geräusche auch zur Echoortung: Sie stoßen Töne aus und lauschen auf das Echo. Ihr Gehirn berechnet dann aus den Echos, wie nahe sie anderen Lebewesen oder Felsen sind, auch wenn sie nichts sehen können.

UNTERWASSERWEIDE

Dugongs gehören zu den Seekühen und schwimmen in Herden am Riff entlang. Mit ihren winzigen Augen sehen sie nicht besonders gut, aber mit den Tasthaaren an der Schnauze finden sie die leckeren Seegrasbuschel. Anders als Wale, die eine Stunde und länger unter Wasser bleiben können, halten Dugongs nur höchstens ein bis zwei Minuten die Luft an.

SCHUPPIGE BESUCHER

Nicht nur Fische und Meeressäuger fühlen sich in der Nähe des Riffs wohl. Seine Vielfalt und die einzigartigen Bedingungen ziehen auch einige ungewöhnliche Reptilien an.

SCHLÄNGELNDE SCHWIMMER

Seeschlangen sind mit ihren abgeflachten Schwänzen gute Schwimmer, atmen aber Luft wie ihre Verwandten an Land. Ihre Lunge reicht fast bis ans Ende ihres Körpers und kann so viel Luft speichern, dass die Tiere bis zu zwei Stunden unter Wasser bleiben können. Alle 14 Seeschlangenarten am Great Barrier Reef bringen im Wasser lebende Junge zur Welt.

LAUERNDE LANGSCHWÄNZE

Riesige Salzwasserkrokodile lauern an Stränden und in Mangrovenwäldern entlang des Great Barrier Reef. Die gewaltigen Reptilien werden bis zu sieben Meter lang und können von allen Tieren der Welt am kräftigsten zubeißen.

SCHILDKRÖTEN

Sechs der sieben Meeresschildkrötenarten auf der Welt leben am Great Barrier Reef. Die Weibchen haben einen inneren Kompass, mit dem sie das **Magnetfeld** der Erde spüren können. So finden sie durch das weite Meer immer wieder zurück an den Strand, an dem sie geschlüpft sind. Dort legen sie ihre Eier ab. Wenn sie fertig sind, schieben sie sich zurück ins Meer. Einen Monat später buddeln sich die Schildkrötenbabys aus dem Sand an die Oberfläche und krabbeln sofort ins Meer.

Lederschildkröte (die größte aller Arten)

Echte Karettschildkröte

Wallriffschildkröte

TEMPERATURPROBLEME

Auch die Meeresschildkröten am Great Barrier Reef leiden unter dem Klimawandel. Die Temperatur bestimmt nämlich das Geschlecht der Schildkrötenbabys: Herrschen im Nest weniger als 23 °C, schlüpfen nur Männchen, über 33 °C nur Weibchen. Bei Temperaturen dazwischen schlüpfen beide Geschlechter gemischt. Im Augenblick sind nur ein Prozent der Grünen Meeresschildkröten, die am Great Barrier Reef schlüpfen, männlich. Wenn die Temperaturen weiter steigen, gibt es irgendwann vielleicht nicht mehr genug Männchen, um alle Weibchen zu befruchten. Dann könnten die Bestände zurückgehen.

FLIEGENDE BESUCHER

Viele Inseln auf dem Great Barrier Reef begannen als große, leere Sandhaufen aus Papageifisch-Kot. Später ließen Vögel ihren Kot mit Samen darauffallen, aus denen kriechende Rankpflanzen mit bunten Blüten und Büschel stacheliger Spinifex-Gräser wuchsen. Die Pflanzen lockten weitere Vögel an, bis der Himmel von Gekreische und Flügelschlagen erfüllt war.

Die winzige Riffinsel Michaelmas Cay ist die Heimat Tausender Vögel, die dort Nester bauen und ihre flaumigen Küken großziehen. Hier siehst du einige der Vögel, die dort nisten.

ANGEBERVÖGEL

Fregattvögel können jahrelang über das Meer fliegen. Sie kommen nur an Land, um sich zu paaren. Viele fliegen nach Michaelmas Cay, wo die Männchen ihr merkwürdiges Balzverhalten an den Tag legen: Sie blasen eine knallrote Tasche an ihrer Kehle auf und lassen sie wabbeln und vibrieren, wenn ein Weibchen vorbeikommt. So sagen Fregattenvögel: „Ich bin hier das allerschönste Männchen!“

EIN LEBENSRAUM FÜR MENSCHEN

JAGEN IM EINKLANG MIT DER NATUR

Wenn wir Tausende von Jahren in die Vergangenheit reisen könnten, würden wir Menschen begegnen, die an der Küste von Australien und auf den Inseln des Great Barrier Reef lebten. Diese Menschen, die Aborigines und die Torres-Strait-Insulaner, siedelten sich hier als Erste an. Sie fanden am Riff und auf den Inseln alles, was sie zum Leben brauchten. In Holzkanus fuhren sie über das Riff zum Fischen und Jagen und bauten Steinmauern auf dem Meeresgrund, um bei Ebbe Fische zu fangen.

Aborigines und Torres-Strait-Insulaner sammelten und jagten jahrtausendelang Tiere, die das Riff bewohnten, ohne den Beständen zu schaden. Sie wussten, dass sie sie an bestimmten Orten und zu bestimmten Zeiten in Ruhe lassen mussten, damit es in Zukunft genug von ihnen gab.

Heute lebt fast keiner dieser Menschen noch dort, wo seine Vorfahren wohnten, weil die europäischen Siedler viele von ihnen an andere Orte vertrieben. Doch die Clans behielten ihre enge Verbindung zum Riff und haben immer noch das Recht, dort zu fischen und zu jagen. Statt mit Holzkanus fahren viele jetzt in Motorbooten hinaus und sie jagen mit modernen Angelruten und Harpunen. Dennoch nutzen sie noch das Wissen ihrer Vorfahren, um Tiere zu finden und zu entscheiden, wo sie jagen dürfen. So halten die Aborigines und Torres-Strait-Insulaner ihre Kulturen lebendig und bringen den nächsten Generationen ihre Geschichten und Traditionen bei.

LEGENDEN

Aktuell gibt es mehr als 70 verschiedene Gruppen von Aborigines und Torres-Strait-Insulanern. Jeder Aborigine-Clan spricht eine andere Sprache und alle erzählen Geschichten von der Traumzeit. Das ist eine spirituelle Legende, wie die Welt entstand und wie die Menschen heilige Orte und Nahrung finden können. Wir kennen diese Geschichten heute, weil sie von Generation zu Generation weitergegeben wurden. Manche sind geheim und werden nur im Clan erzählt, andere gelangten mit der Erlaubnis der Geschichtenerzähler an die Öffentlichkeit.

ANGELN VERBOTEN

Zwei Jungen gerieten in Schwierigkeiten, als sie dort angelten, wo sie nicht durften. Unter Wasser lag ein verbotener Ort, an dem der riesige Geigenrochen Dhui Dhui lebte. Als die Jungen ihre Angelleine herabließen, schnappte Dhui Dhui danach und zog ihr Boot bis hinter den Horizont, wo die Jungen zu den Sternen aufstiegen. Der Legende nach ist das Sternbild Kreuz des Südens Dhui Dhui und die beiden Zeigersterne sind die Jungen.

VON HAIEN UND STECHROCHEN

Ein Vater und sein Sohn wurden von ihrem Boot gespült und saßen auf dem Riff fest. Sie warteten die ganze Nacht auf ihre Rettung, während Haie ihnen um die Beine strichen. Doch die Tiere griffen sie nicht an. Der Clan, der diese Geschichte erzählt, glaubt daran, dass dem Mann und seinem Sohn nichts passierte, weil der Hai ihr Totem ist, ein besonderes Tier von spiritueller Bedeutung für diesen Clan.

NEUANKÖMMLINGE

1770 erreichte Kapitän James Cook auf seinem Schiff *HMS Endeavour* Australien und beanspruchte es für Großbritannien. Auf seiner berühmten Reise entdeckte er auch zufällig das Great Barrier Reef, als sein Schiff nämlich in einer milden, klaren Juninacht damit zusammenstieß. Zuerst waren Kapitän Cook und seine Mannschaft verblüfft, dass sie auf dem scheinbar offenen Meer auf Grund gelaufen waren. Sie mussten viele Gegenstände über Bord werfen, um das Schiff loszubekommen und sich zu retten. Erstaunt erkannten sie schließlich, was unter dem Schiffskiel lag.

NEUE PROBLEME

Die *HMS Endeavour* war nicht das einzige Schiff, das die Küste erforschte. Als weitere Europäer eintrafen, begriffen sie leider schnell, dass sie mit dem Great Barrier Reef viel Geld verdienen konnten. Taucher sammelten Seegurken vom Meeresboden und verkauften sie nach China, wo sie als Delikatesse gelten. Zehntausende Meeresschildkröten wurden wegen ihres Fleisches und ihres Panzers gejagt, aus dem man Schmuck herstellte. Die europäischen Siedler sammelten Millionen Austern, aus deren schimmernden Schalen sie Knöpfe schnitten. Sie kontrollierten oder begrenzten nicht, wie viel sie sich nahmen. Doch im 20. Jahrhundert erkannten die Menschen, dass die Rifftiere verschwanden und Schutz brauchten.

Die Stelle, an der Kapitän Cook auf das Riff auffuhr, ist heute als Endeavour Reef bekannt. Es gibt dort aber kein Schiffswrack zu sehen – Kapitän Cook und seine Männer reparierten das Loch im Schiff und segelten weiter nach Norden.

ZUSAMMENLEBEN

Seit seiner Entstehung vor Tausenden von Jahren leben Menschen auf und am Great Barrier Reef. Im Lauf der Zeit haben wir viel über das Riff und seine Bewohner gelernt – auch darüber, wie wir uns den Lebensraum teilen können.

ZEICHEN AM RIFF

Die Ureinwohner lernten, welche Veränderungen das Riff im Jahreslauf durchmacht, und wussten die Zeichen zu deuten. Wenn zum Beispiel das erste Gewitter im Jahr heranzog oder die ersten Tauben am Himmel erschienen, wussten sie, dass die Zeit für die Rochenjagd gekommen war.

RIFFWERKZEUGE

Früher nutzten die Menschen die Rifftiere nicht nur als Nahrung, sondern für alles mögliche. Aus den scharfen Stacheln der Rochenschwänze machten sie Speerspitzen, aus gebogenen Schneckenhäusern Angelhaken. Raue Haihaut wurde benutzt, um Holzschnitzereien abzuschmirgeln, und mit Haizähnen ritzte man Muster hinein. Heute benutzen wir andere Materialien oder nehmen sie aus nachhaltigen Quellen.

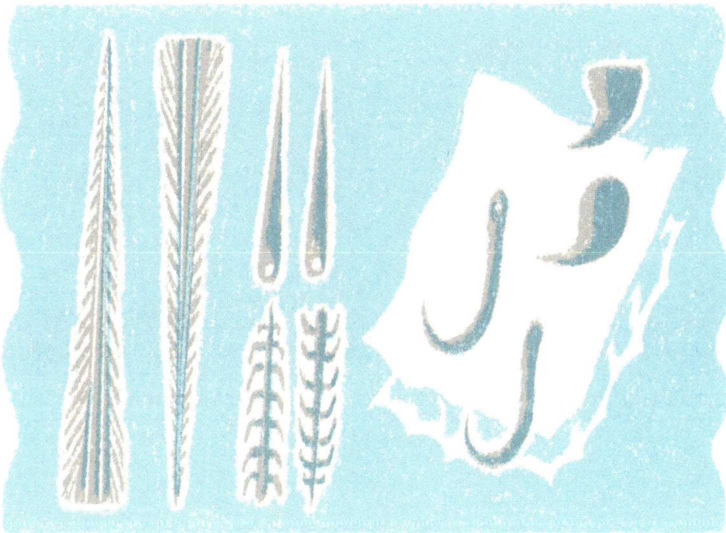

HEILIGE TIERE

Jeder Aborigine-Clan an der Küste hatte ein eigenes besonderes Tier, das Totem. Das konnte ein Krokodil sein, ein Pelikan, ein Hai oder auch ein Krake. In einigen Clans war es verboten, das Totemtier zu jagen und zu essen. Manche Clans gaben jedem Kind ein eigenes Totem und schnitzten es in einen Anhänger, den es um den Hals trug.

RIFFKUNST

Das Great Barrier Reef ist seit Jahrtausenden ein heiliger Ort und eine wertvolle Quelle der Inspiration für die Menschen. Sie drückten ihre Erlebnisse in leuchtend bunten Malereien und kunstvoll gestalteten Masken aus, die man heute noch besichtigen kann.

FELSENMALEREI

Die älteste Felsenmalerei, die in Australien gefunden wurde, ist 28 000 Jahre alt. Die spektakulärsten Malereien sieht man auf Yindayin Island, einige Segelstunden von Australien entfernt. Hoch oben an den steinigen Pfaden der Insel befindet sich eine Felswand mit Hunderten von Bildern – Krokodile, Rochen, Meeresschildkröten, Dugongs und jede Menge Boote.

PRÄCHTIGE MASKEN

Die Einwohner der Torres-Strait-Inseln am nördlichen Ende des Great Barrier Reef sind berühmt für ihre Masken. Ihre Kunstwerke hängen in Museen auf der ganzen Welt. Sie stellen riesige Menschengesichter dar oder Totemtiere wie Haie und Kraken. Die Masken bestehen aus Holz oder Schildkrötenpanzern und sind mit Federn, Muscheln, Kokosnussfasern und Menschenhaaren verziert. Heute lassen die Torres-Strait-Insulaner diese uralte Kunst wieder aufleben und stellen neue Masken und Kopfschmuck aus modernen Materialien her.

NEUBEGINN

ZU HEISS GEBADET

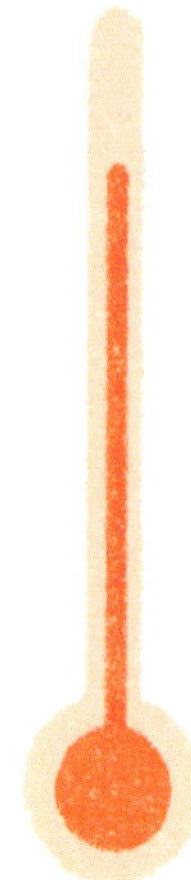

Das größte Problem für das Great Barrier Reef ist die Tatsache, dass das Meer immer wärmer wird. Darüber sind sich die meisten Wissenschaftler einig. Wenn es Korallen zu heiß wird, stoßen sie aus Stress ihre Zooxanthellen aus. Ohne sie werden die Korallen durchsichtig und das Riff wird geisterhaft weiß. Das nennt man Korallenbleiche. Die Korallen verlieren dabei nicht nur ihre Farben, sondern auch ihre Nahrung, und verhungern dann allmählich. Wegen des Klimawandels ist das am Great Barrier Reef schon zwei Jahre hintereinander passiert, nämlich 2016 und 2017, und dann wieder 2020.

gesunde Koralle *ausgeblichene Koralle* *tote Koralle mit Algenrasen*

TERRY HUGHES

Terry Hughes ist Wissenschaftler und auf die Korallenbleiche spezialisiert. Unter seiner Leitung flog ein Team mit Hubschraubern und kleinen Flugzeugen über das Riff hinweg und fotografierte dabei die weißen Bereiche. So konnten sie feststellen, wie viele Korallen schon ausgeblichen waren.

Der Klimawandel wird zum großen Teil durch **fossile Brennstoffe** wie Benzin und Kohle verursacht. Beim Verbrennen wird Kohlendioxid freigesetzt, das die Sonnenwärme festhält und damit den Planeten und seine Meere erwärmt.

Rund ein Viertel des **CO2**-Ausstoßes löst sich im Meerwasser und führt zur sogenannten **Versauerung der Meere**. Je saurer das Meerwasser ist, desto schwieriger wird das Leben für Meerestiere mit Schalen und Außenskeletten aus Kalk, wie Weichtiere und Korallen. Die Korallenpolypen bekommen nicht mehr genug chemische Bausteine (Ionen) für ihre Außenskelette und lösen sich langsam auf.

DAS PLASTIKPROBLEM

Was wir in den Mülleimer werfen oder in der Toilette hinunterspülen, landet oft im Meer. Plastikmüll kann jahrhundertelang überdauern, ohne sich ganz zu zersetzen. In jeder Minute wird eine Lastwagenladung voll Plastik ins Meer gekippt. Ein großer Teil davon landet an Korallenriffen.

PLASTIKMEER

Plastik kann voller **Mikroben** wie **Bakterien** und **Viren** sein, die Korallen krank machen. Infizierte Korallen verfärben sich und bekommen hässliche Flecken, und oft sterben sie ab. Wenn große Plastikstücke auseinanderfallen oder **Kunstfasern** aus unserer Kleidung gewaschen werden, entsteht Mikroplastik. Korallen fressen diese winzigen Stückchen, die dann ihren Magen verstopfen.

SAG NEIN ZU PLASTIK!

Weltweit werden pro Minute eine Million Plastikflaschen verkauft! Wenn mehr Menschen nachfüllbare Flaschen verwenden würden, gäbe es viel weniger Plastik im Meer. Wenn du das nächste Mal Klamotten kaufen gehst, kannst du auch nach Teilen aus Naturfasern wie Baumwolle und Wolle statt Kunstfasern wie Nylon und Polyester suchen. Und wir alle können Stoffbeutel mit zum Einkaufen nehmen, Plastikstrohhalme ablehnen und unsere Ohren nicht mehr mit Wattestäbchen aus Plastik säubern.

VERKNÜPFTE SCHICKSALE

Wenn das Riff in Schwierigkeiten ist, dann sind das auch seine menschlichen Nachbarn. Je wärmer die Meere, desto mehr Wasser geben schmelzende Gletscher und Eisschilde ab und der Meeresspiegel steigt. Die Korallen sind so gestresst durch das warme, saure Wasser, dass sie nicht so schnell wachsen, wie das Meer steigt. Ohne Barriereriffe erreichen die Ozeanwellen ungebremst die Strände, spülen den Sand weg und bedrohen die Behausungen der Menschen.

Damit die Meere nicht noch wärmer und saurer werden, müssen wir aufhören, fossile Brennstoffe zu benutzen, und unseren **CO_2-Fußabdruck** verkleinern. Statt Auto oder Flugzeug können wir Fahrrad oder Bahn nehmen oder zu Fuß gehen. Ebenso können wir Lebensmittel aus der Nähe essen, die nicht aus anderen Ländern eingeflogen wurden.

ABSCHIED VON FOSSILEN BRENNSTOFFEN

Viele Menschen sind wütend auf die australische Regierung, weil sie eine große Kohlengrube und einen Hafen direkt neben dem Great Barrier Reef bauen will. Dabei wird Schlamm aufgewirbelt und das Meer noch mehr verschmutzt. Das Verbrennen der Kohle setzt außerdem noch mehr CO_2 frei und macht alles noch viel schlimmer.

Doch es muss nicht so kommen. Wir könnten fossile Brennstoffe im Boden lassen und andere Energiequellen nutzen. Die sogenannte grüne Energie nutzt die Kraft von Sonne, Wind und Wellen und setzt viel weniger CO_2 frei. Wie man Sonnenkollektoren und Windturbinen baut, wissen wir längst. Jetzt müssen Politiker und große Konzerne auf der ganzen Welt den Klimawandel ernst nehmen und in grüne Energie investieren.

MEERESFREUNDLICHE MEERESFRÜCHTE

Wenn wir das Great Barrier Reef retten, so retten wir auch Pflanzen und andere Tiere. Fische wie der Papageifisch fressen Algen und sorgen dafür, dass sie die Korallen nicht überwuchern und abtöten. Wenn du Fisch und andere Meerestiere essen willst, kannst du darauf achten, keine Algenfresser wie Papageifische zu kaufen und nur Fische zu essen, die nachhaltig gefangen werden.

DIE RIFFRETTER

Viele hervorragende Wissenschaftler und Erfinder kämpfen um die Rettung des Riffs. Sie testen verschiedene Technologien, um die gefährdeten Korallen widerstandsfähiger zu machen.

KORALLENFANG

Im Kampf gegen die Korallenbleiche sammeln Taucher die befruchteten Koralleneier in Beuteln, wenn das Riff sich in seinen gewaltigen bunten Schneesturm hüllt. Diese Eier setzen sie dann in Gebieten aus, wo Korallen abgestorben sind. Sie hoffen, dass die Korallenlarven sich dort niederlassen und neue Kolonien bilden, damit das Riff nachwächst.

PROFESSOR MADELEINE VAN OPPEN

Professor Madeleine van Oppen und ihr Forscherteam in Australien züchten „Superkorallen". Ihnen fiel auf, dass einige Korallenarten von Natur aus besser mit Wärme umgehen können. Jetzt kreuzen sie diese Arten, um noch widerstandsfähigere Korallen zu züchten, die am Riff ausgesetzt werden können. Die Forscherinnen und Forscher suchen auch nach Zooxanthellen, die die Korallen nicht abstoßen, wenn ihnen zu heiß wird. Mit ihnen hätten die Korallen bessere Chancen, den Klimawandel zu überleben.

UNSER ALLER SCHATZ

Die Zukunft des Great Barrier Reef hängt auch von der nächsten Generation ab. Wir brauchen Menschen, die die Probleme erkennen, Lösungen finden und Regeln zu seinem Schutz durchsetzen. Vielleicht bist du ja mal einer dieser Menschen!

WARUM DAS RIFF SCHÜTZEN?

Man hört oft, dass man das Great Barrier Reef vor allem deshalb schützen muss, weil es so viel Geld einbringt, hauptsächlich durch die Touristen. 2017 wurde der Wert des Riffs auf rund 38 Milliarden Euro geschätzt. Aber hat so ein magischer Ort wirklich einen Preis? Das Great Barrier Reef ist unersetzlich. Es existiert nicht noch einmal. Das ist sicher mehr wert als alles Geld der Welt.

Hoffentlich wird dieses wunderbare Labyrinth des Lebens auch in Zukunft existieren, mit seinen bunten Kaiserfischen, Falterfischen, Korallen, Anemonenfischen, Delfinen, Dugongs, Seeschlangen, Meeresschildkröten, Walen und allem anderen, das das Great Barrier Reef zu einem der größten Naturwunder der Welt macht.

WIE WIRD DIE ZUKUNFT?

Was wir jetzt unternehmen, wird darüber entscheiden, welche Geschichte das Great Barrier Reef in der Zukunft erzählen wird. Wird diese Geschichte von aufregenden neuen Entdeckungen, faszinierenden Arten und uralter Mythologie handeln? Oder wird sie eher düster und traurig sein und den Untergang vieler fantastischer Arten und Lebensräume auflisten?

So majestätisch und einzigartig es auch ist, das Great Barrier Reef braucht unser aller Hilfe, um sich zukünftigen Generationen in seiner ganzen Pracht zu zeigen. Es kann sich nicht selbst heilen.

GLOSSAR

Albino Mensch oder Tier ohne Hautpigmente, der/das deswegen hell oder sogar schneeweiß aussieht.

Äquator Gedachte Linie, die die Nordhalbkugel von der Südhalbkugel der Erde trennt.

Außenskelett Harte Außenschale mancher Wirbelloser.

Bakterien Lebewesen, die aus einer Zelle bestehen und Krankheiten verursachen können.

Blei Sehr schweres Metall, das Tauchern beim Abtauchen hilft.

CO_2-Fußabdruck Die Menge an Kohlendioxid, die durch eine Tätigkeit oder einen Prozess freigesetzt wird.

Fortpflanzen Junge hervorbringen.

Fossiler Brennstoff Natürliche Substanz wie Kohle oder Erdgas, die wir verbrennen, um Energie zu gewinnen.

Gelähmt Bewegungsunfähig gemacht.

Kalziumkarbonat Kreideweiße Substanz, aus der Weichtierschalen bestehen.

Kohlendioxid (CO_2) Gas, das bei der Verbrennung fossiler Brennstoffe (zum Beispiel Kohle, Erdöl und Benzin) freigesetzt wird.

Krill Winzige Krebstiere, die nur wenige Millimeter bis Zentimeter groß sind und zum Meeresplankton zählen.

Kunstfaser Eine künstlich von Menschen hergestellte Faser, die nicht in der Natur zu finden ist.

Larven Winzige junge Stadien vieler Wassertiere wie Korallen, Fische und Seesterne. Die Larven treiben oder schwimmen im Wasser und sehen üblicherweise ganz anders aus als ihre Eltern.

Magnetfeld Unsichtbare Kraft, die durch Kräfte im Inneren der Erde entsteht.

Mikrobe Lebewesen, das zu klein ist, um es ohne Mikroskop zu sehen.

Mikroskop Wissenschaftliches Instrument, mit dem man winzige Dinge erkennt, die man sonst nicht sehen würde.

Muschel Weichtier mit zweiteiliger Schale, die durch ein Scharnier verbunden ist und auf- und zugeklappt werden kann.

Nachtaktiv Lebewesen, das überwiegend nachts aktiv ist und am Tag meist schläft.

Pestizide Chemikalien, die Insekten und Schädlinge töten, die Nutzpflanzen fressen.

Pilz Lebewesen, das sich von verrottender Materie ernährt.

Plankton Winzige Wasserlebewesen, die zahlreichen Tieren als Nahrung dienen, zum Beispiel Korallen und vielen Fischen.

Pollen Von Pflanzen hergestellte Substanz, mit der sie sich fortpflanzen.

Polyp Eines der winzigen Tiere, aus denen Korallenkolonien bestehen.

Rüssel Lange, nasenähnliche Struktur an einem Tier.

Sauerstoff Das Gas, aus dem ein Teil unserer Atemluft besteht. Viele Lebewesen können ohne Sauerstoff nicht existieren.

Säugetier Warmblütiges Tier mit Wirbelsäule, das lebende Junge zur Welt bringt und sie mit Milch ernährt.

Symbiose Enge Beziehung zwischen zwei Tieren verschiedener Arten, die beiden auf unterschiedliche Weise nützt.

Tarnung Färbung oder Oberflächenbeschaffenheit eines Tiers, dank der es optisch mit seiner Umgebung verschmilzt. So kann es sich vor Fressfeinden verbergen.

Versauerung der Meere Wenn sich das Kohlendioxid aus der Atmosphäre mit dem Meerwasser mischt, wird das Wasser immer saurer.

Virus Winzige Teilchen, die Krankheiten hervorrufen können.

Weichtiere Kategorie von Tieren ohne Wirbelsäule, die meist in Schalen oder Gehäusen leben. Zu den Weichtieren zählen Schnecken, Muscheln und Tintenfische.

Wirbellose Tiere ohne Wirbelsäule.

Zooxanthellen Winzige Lebewesen, die in Korallenpolypen leben und ihre Energie aus dem Sonnenlicht bekommen.

TEXT: DR. HELEN SCALES

Dr. Helen Scales ist Meeresbiologin und hat viele Teile der Meere untersucht, von Korallenriffen in Borneo bis zu den Mangroven in Madagaskar. Das Great Barrier Reef lernte sie bei ihrer Arbeit als Tauchführerin kennen, als sie Taucherinnen und Tauchern die wunderbare lebendige Vielfalt zeigte. Dr. Scales schreibt Bücher und Artikel, produziert Radiosendungen, lehrt an der Universität von Cambridge und berät die britische Meeresschutzorganisation Sea Changers. Sie lebt in Cambridge in England und an der französischen Atlantikküste.

ILLUSTRATIONEN: LISK FENG

Lisk Feng ist eine preisgekrönte Illustratorin aus China und lebt in New York. Sie illustrierte schon Artikel, Werbeanzeigen und Bücher für *The New Yorker*, Apple, Penguin, Airbnb, *The New York Times* und Chanel. Für ihre Arbeit erhielt sie u. a. die Silver Medal der Society of Illustrators, den Communication Arts Excellence Award, die 3X3 Silver Medal und den ersten Preis beim Wettbewerb American Illustration. 2017 wurde sie unter allen Künstlern aller Disziplinen weltweit vom Art Directors Club 15 als Nachwuchskünstlerin ausgezeichnet. 2019 stand sie auf der Forbes-Liste „30 under 30 Art and Style“ und erhielt ebenfalls 2019 den Bologna Ragazzi Award für das Buch *Everest* (Flying Eye Books).